Sebastian Aha

ERP-Systeme und Workflowmanagement

GRIN Verlag

Bibliografische Information der Deutschen Nationalbibliothek:

Die Deutsche Bibliothek verzeichnet diese Publikation in der Deutschen National-
bibliografie; detaillierte bibliografische Daten sind im Internet über http://dnb.d-
nb.de/ abrufbar.

Impressum:

Copyright © 2008 GRIN Verlag, Open Publishing GmbH
Druck und Bindung: Books on Demand GmbH, Norderstedt Germany
ISBN: 978-3-656-15015-2

Dieses Buch bei GRIN:

http://www.grin.com/de/e-book/190467/erp-systeme-und-workflowmanagement

GRIN - Your knowledge has value

Der GRIN Verlag publiziert seit 1998 wissenschaftliche Arbeiten von Studenten, Hochschullehrern und anderen Akademikern als eBook und gedrucktes Buch. Die Verlagswebsite www.grin.com ist die ideale Plattform zur Veröffentlichung von Hausarbeiten, Abschlussarbeiten, wissenschaftlichen Aufsätzen, Dissertationen und Fachbüchern.

Besuchen Sie uns im Internet:

http://www.grin.com/

http://www.facebook.com/grincom

http://www.twitter.com/grin_com

Hausarbeit

zum Thema

ERP-Systeme und Workflowmanagement

in der Veranstaltung

ERP-Systeme
Sommersemester 2008

Autor:
Sebastian Aha

Hünfeld, 12.03.2012

A. Inhaltsverzeichnis

B. Abbildungsverzeichnis

C. Abkürzungsverzeichnis

BPM	Business Process Reengineering
bzw.	beziehungsweise
d.h.	das heißt
ERP-Systeme	Enterprise Ressource Planning – Systeme
f	folgende
vgl.	vergleiche
z.T.	zum Teil

D. Zusammenfassung für Manager und Entscheidungsträger

In der Produktion gab es in Unternehmen in den vergangenen Jahren hohe Produktivitätszuwächse, während der administrative Bereich vernachlässigt wurde. Hier setzt Workflowmanagement an: Mittels Unterstützung von ERP-Systemen ist es möglich, Prozesse zu automatisieren und bei erfolgreicher Implementierung folgende positive Effekte zu bewirken:

- Hohe Transparenz über Bearbeitungsfortschritte eines Vorgangs
- Prozesssicherheit durch Dokumentation
- Beschleunigung Arbeitsabläufen durch Abbau von Transport- und Liegezeiten
- Zeitnahes Wahrnehmen des Kundenservices
- Überwachung von Terminen und Fristen

Im Zusammenhang mit Workflowmanagement ist auch oftmals von „Business Process Reengeneering" (BPR), der Neugestaltung von Prozessen, die Rede. Dabei handelt es sich um die Neugestaltung von Prozessen. Man geht davon aus, dass workflow-unterstützte Vorgänge besonders dann Vorteile bringen, wenn die Prozesse im Vorfeld optimiert wurden und nicht einfach nur in ein elektronisches Verarbeitungssystem übertragen werden.

1. Einleitung

Neue Wettbewerbsformen dominieren in den Betrieben, Kundenwünsche sollen effizient bedient werden. Allerdings ist diese Kundenorientierung teuer. Gemeint ist die Forderung nach gehobener Qualität, schnellen Lieferzeiten, Service, innovativen Produkten und niedrigen Preisen. Im produktiven Bereich haben Unternehmen in den vergangenen Jahren beachtliche Produktivitätssprünge bewirkt. Diese Möglichkeiten scheinen nun ausgereizt. Im vernachlässigten administrativen Umfeld liegen aber noch unausgeschöpfte Möglichkeiten, um Produktivitätsfortschritte zu erreichen. [1]Der Einsatz von Workflowmanagement-Systemen gewinnt daher zunehmend an Bedeutung. Warte-, Liege- und Bearbeitungszeiten sollen verkürzt werden, Prozessabläufe sind zu optimieren und transparenter zu gestalten und die Informationsverteilung soll, so weit möglich, automatisiert werden.[2] Nach Strobel-Vogt soll die durch die hohe Arbeitsteilung entstandene geringe Reaktionsgeschwindigkeit bzw. Inflexibilität durch Maßnahmen wie die Erreichung einer besseren Bürokommunikation, die Sachbearbeitungszeiten deutlich reduzieren, welche z.T. nur 5-10% der gesamten Durchlaufzeit eines Geschäftsprozesses ausmachen.[3]

In dieser Arbeit sollen zunächst die Begriffe Geschäftsprozess, Workflowmanagement und Workflowmanagement-System dem Leser näher gebracht werden. Anschließend folgt eine Einführung in ERP-Systeme. Dabei wird insbesondere auf die Standardsoftware SAP R/3 und ihren Programmteil SAP Business Workflow Bezug genommen. Um den praktischen Bezug dieser Arbeit zu betonen, sollen danach anhand eines Beispiels aus der betriebswirtschaftlichen Praxis die Möglichkeiten von

---

[1] Vgl. Strobel-Vogt, U. 1999, S.6
[2] Vgl. Berthold, A., Mende, U., Schuster H. 1999, S.13
[3] Vgl. Strobel-Vogt, U. 1999, S.6

SAP Business Workflow erläutert und deren Vorzüge aufgezeigt werden. Im letzten Teil dieser Ausarbeitung wird eine Zusammenfassung mit einem Ausblick zur zukünftigen Entwicklung des Workflowmanagement gegeben.

2. Workflow-Technologie und Umfeld

2.1 Prozess und Geschäftsprozess

Betriebswirtschaftlich gesehen handelt es sich bei einem Prozess um eine Transformation eines Objektes durch Einwirkung eines oder mehrerer Menschen oder Maschinen in Raum und Zeit.[4] Diese Aktivität soll der Bearbeitung einer Aufgabe dienen. Dieser sehr allgemeine Ansatz erweitert sich, wenn man ihn in den betriebswirtschaftlichen Gesichtspunkten betrachtet zu einem Geschäftsprozess. Strobel-Vogt versteht unter einem Geschäftsprozess eine Kette von Aktivitäten, die notwendig sind um aus einer Kundenanforderung das vom Kunden gewünschte Ergebnis zu erstellen. Weiterhin seien alle wichtigen Geschäftsprozesse dadurch charakterisiert, dass sie Abteilungsgrenzen überschreiten, wodurch Schnittstellen entstehen.[5] Dieser Vorgang hat einen Auslöser, auch Trigger genannt, und einen eindeutigen Abschluss.[6] Unterteilen lassen sich Geschäftsprozesse in Hauptprozesse, die nötig sind um eine Marktleistung zu erstellen, und Serviceprozesse, die den Fokus auf interne Leistungen legen.[7] Beispiele für Geschäftsprozesse sind Angebotserstellung, Auftragsvergabe oder die meist sehr lange und umfangreiche Auftragsabwicklung. Einige dieser Abläufe spielen eine besondere Rolle im Unternehmen, da es sich um zentrale Prozesse handelt, mit denen die Hauptleistung erbracht wird. Deshalb werden sie

---

[4] Vgl. Brahm M., Pargmann H. 2003, S. 1
[5] Vgl. Strobel-Vogt, U. 1999, S.6
[6] Vgl. Gronau, N. 1996, S. 37
[7] Vgl. Staud, J. 1999, S. 7

Kernprozesse genannt. Dazu gehört auch die beschriebene Auftragsabwicklung im eigentlichen Sinne.

2.2 Workflowmanagement und Workflowmanagement-Systeme

Workflowmanagement und die entsprechenden Informationsverarbeitungssysteme zielen auf das Modellieren und Abwickeln von Geschäftsprozessen ab.[8] Bahmann und Wenzel nennen den Begriff „Vorgangsverarbeitung" als Äquivalent zum englischsprachigen Begriff Workflow. Dies soll mittels eines elektronischen Vorgangsverarbeitungssystems geschehen. Diese Software soll aktiv und selbstständig arbeitend überwachende, kontrollierende und entscheidende Aufgaben vornehmen und anhand bestimmter Regeln auch Entscheidungen treffen um eine ganzheitliche Bearbeitung, Kontrolle und Steuerung von Geschäftsvorfällen ermöglichen[9]. Eine weitere Aufgabe dieser Systeme ist die Stärken/Schwächen-Analyse diverser Vorgänge.

2.3 Workflow-Klassen

In der Praxis wird versucht, Workflows in einzelne Klassen zu unterteilen. Dabei spielen die Nähe zum Kerngeschäft bzw. die Häufigkeit und Strukturiertheit des Vorgangs eine wichtige Rolle. Brahm und Pargmann haben diese Klassen in einem Koordinatensystem dargestellt (vgl. Abbildung 1). Zur Unterscheidung dient dabei zunächst die Frage, ob ein Prozess das Kerngeschäft eines Unternehmens betrifft (Production und Collaborative) oder ob er lediglich im Bereich der unterstützenden Sekundärprozesse angesiedelt ist (Administrative und Ad hoc).

---

[8] Vgl. Morschheuser, S. 1997, S. 10
[9] Vgl. Wenzel, P. 1995, S. 102

Production- und Administrative-Workflows, die auch als transaktionale
Workflows bezeichnet werden, weisen eine gewisse Häufigkeit und
Strukturiertheit auf, während Collaborative- und Ad hoc-Workflows sind
eher selten und unstrukturiert.[10]

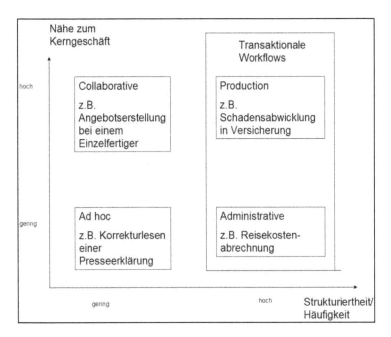

Abbildung 1: Workflow-Klassen; Eigene Darstellung (In Anlehnung an Brahm, M., Pargmann, H., S.5)

2.4 Einsatzgebiete und Ziele in der Praxis

Nicht bei allen Prozessen macht eine Unterstützung Sinn. Um ein
angemessenes Kosten/Nutzen-Verhältnis zu erreichen, sollte der Prozess
mehrere Male anfallen, da ansonsten der Modellierungs- und
Implementierungsaufwand einfach zu teuer wäre. Auch sollte der Prozess

---

[10] Vgl. Brahm M., Pargmann H. 2003, S. 5

eine gewisse Strukturiertheit aufweisen, damit Definitionen und
Modellierung überhaupt möglich sind. Workflowmanagement-Systeme
entfalten ihr Potential vor allem dann, wenn mehrere Arbeitsplätze in einen
Vorgang involviert sind, weshalb nach Meinung von Brahm und Pargmann
hier der Einsatz von Workflowmanagement besonders sinnvoll ist.
Weiterhin führen sie an, dass sich der Einsatz rechnet, wenn besondere
Prozesstransparenz oder Prozesssicherheit benötigt wird. Als
Beispiel wird ein eine Reklamationsbearbeitung genannt, damit auf
Nachfrage des Kunden der aktuelle Bearbeitungsschritt genannt werden
kann.[11] Diese erhöhte Prozesssicherheit und Prozesstransparenz kann
auch als primäres Ziel des Einsatzes von Workflowmanagement-
Systemen genannt werden, denn durch Erreichung dieses Ziels werden
Prozesse beherrschbarer und zuverlässiger. Ein weiteres Ziel ist laut
Strobl-Vogt die Beschleunigung der Abläufe durch Reduzierung von
Transport- und Bestandszeiten. Dies wird durch einen elektronischen
Transport von Informationen und Dokumenten gewährleistet.[12] Brahm und
Pargmann führen außerdem an, dass die Unternehmensziele durch
zeitnahen Kundenservice unterstützt werden. [13] Dies wird durch die
Funktion der Überwachung von Terminen und Fristen in den Systemen
gewährleistet. Dadurch ergeben sich Möglichkeiten einer optimalen
Skontonutzung oder die bereits angesprochene schnellere Bearbeitung
von Reklamationen.

2.5 Geschäftsprozessoptimierungskonzepte

In der Praxis finden sich mit Lean Management, Total Quality
Management und Business Process Reengeneering 3 bekannte
Methoden, die hier vorgestellt werden.

---

[11] Vgl. Brahm M., Pargmann H. 2003, S. 11
[12] Vgl. Strobel-Vogt, U. 1999, S.31
[13] Vgl. Brahm M., Pargmann H. 2003, S. 12

Ziel von Lean Management ist ein „schlankes Unternehmen, dass sich durch flache Hierarchien, kurze Entscheidungswege und das Prinzip des Kontinuierlichen Verbesserungsprozesses" (Kaizen) geprägt ist.[14] Ein Begleiteffekt ist die Einsparung von Personalkosten, da diese Verschlankung mit einer Personalfreisetzung einhergeht. Nach Strobel-Vogt ist dieses Konzept eine Rationalisierungsstrategie, die Produktivitätssteigerungen dadurch bewirkt, dass die Mitarbeiter eingespart werden können. Zudem gibt er an, dass die Informationstechnologie von diesem Konzept nicht zwingend überdacht wird.[15]

Total Quality Management ist die „auf die Mitwirkung aller ihrer Mitglieder gestützte Managementmethode einer Organisation, die Qualität in den Mittelpunkt stellt und durch Zufriedenstellung der Kunden auf langfristigen Geschäftserfolg sowie den Nutzen der Mitarbeiter für die Organisation und die Gesellschaft zielt."[16] „Dabei steht „Total" für den bereichs- und funktionsübergreifenden Gedankenaustausch über die Qualitätsanforderungen mit den Kunden, der Öffentlichkeit und den Mitarbeitern. „Quality" besteht aus Prozess-, Produkt- und Managementqualität. Management steht für die gesamtheitliche Umsetzung, für die das Unternehmen verantwortlich ist."[17]

Business Process Reengineering stellt nach Meinung von Staud ein Verfahren dar, mit dem die Prozesse und Abläufe im Unternehmen organisatorischen Abläufe eines Unternehmens neu gestaltet werden sollen.[18] Diese Neustrukturierung ist laut Wenzel so stark prozessorientiert, dass er diese auch als „ingenieurmäßige Methoden" bezeichnet. Weiterhin verweist er auf Fachleute, die sich darüber einig sind, dass BPM eine

---

[14] Vgl. Strobel-Vogt, U. 1999, S.16
[15] Vgl. Strobel-Vogt, U. 1999, S.16
[16] Vgl. Brunner F.J., Wagner K.W. 1999, S.7f
[17] Vgl. Korus, S., Piesnack J., Schauermann L.M., Jahn B. 2007, S. 1
[18] Vgl. Staud, J. 1999, S. 12f

neue Ära in der Managementlehre eröffnet hat.[19] Strobel-Vogt gibt 4
Säulen an, auf denen das organisatorische Konzept ruht:

- Orientierung an den Kernprozessen
- Ausrichtung dieser Geschäftsprozesse mit Fokus auf den Kunden
- Konzentration der Kernkompetenzen (d.h. auf spezifische
  Fähigkeiten eines Unternehmens, durch die es sich von anderen
  Unternehmen abhebt
- Nutzung modernster Informationstechnologie

Weiterhin führt er für „diesem fundamentalen Überdenken und radikalen
Neugestalten des Unternehmens oder wesentlicher
Unternehmensprozesse folgende Beispiele an:

Symptom	Falsche Lösung	Reengineering-Ansatz
Hoher Kommunikationsaufwand; viele beteiligte Stellen; fragmentierter Prozess	Schnelleres Netzwerk; Email einführen; Formulare verbessern	Prozess konzentrieren; beteiligte Stellen reduzieren
Überhöhte Lagerbestände	Lagerbestände auf dem Rechner erfassen	Lagerbestände abschaffen
Hoher Kontrollaufwand im Verhältnis zur Wertschöpfung	Kontrollen automatisieren	Verantwortlichkeit erhöhen; motivieren; Misstrauen abbauen
Komplexe Prozesse mit vielen Ausnahmen und Sonderfällen	Prozess mit Rechner unterstützen	Prozess aufteilen und einfacheren Basisprozess und Verzweigung in abgeleitete spezialisierte Prozesse
Häufige Nacharbeiten und Iterationen	Nacharbeiten automatisieren	Nacharbeiten vermeiden durch frühe Rückkopplung im Prozess

---

[19] Vgl. Wenzel, P. 1995, S. 2

2.6 Der Workflow Life Cycle

Der Workflow Life Cycle verdeutlicht, wie man Workflows in einem größeren zyklischen Zusammenhand darstellen kann (Vgl. Abbildung 2)

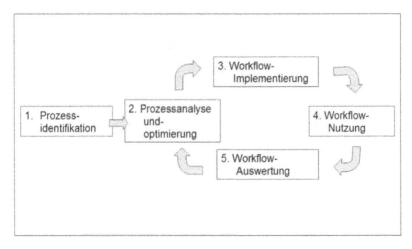

Abbildung 2: Workflow Life Cycle; Eigene Darstellung (In Anlehnung an Brahm, M., Pargmann, H., S. 16)

Nachdem der Prozess identifiziert wurde folgt die Prozessanalyse und –optimierung. Die Optimierung ist hier zunächst als organisatorische Optimierung zu verstehen. Auf deren Basis erfolgt dann die Implementierung des Workflows, d.h. die technische Unterstützung des Prozesses. Nach Produktivsetzung des Workflows wird dieser genutzt. Die Nutzung führt – beinahe zwangsläufig – zu auswertbaren Daten, die einen weiteren Anlass zur Analyse und folgender Optimierung geben. Gründe dafür können Prozessengpässe, Verarbeitungsstatus oder Schleifenproblematiken sein.[20]

---

[20] Vgl. Brahm M., Pargmann H. 2003, S. 16

3. Einführung in ERP-Systeme

3.1 ERP-Systeme und Standardsoftware

Enterprise Ressource Planning, auf Deutsch etwa „Planung von Unternehmensressourcen", bedeutet, knappe Einsatzfaktoren Kapital, Arbeit und Werkstoffe möglichst effizient zum Zwecke der betrieblichen Leistungserstellung einzusetzen. Diese Planung wird auf Basis von komplexer Anwendungssoftware realisiert, so genannter Enterprise Ressource Planning-Systeme – zumeist auch schlicht als ERP-Systeme bezeichnet.

Dabei stellt sich für Unternehmen die Frage, ob sich für eine individuell programmierte oder für Standardsoftware entschieden werden sollte. Diese Frage soll an dieser Stelle allerdings nicht näher betrachtet werden.[21]

Die Standardsoftware, auch als Standardlösung bezeichnet, sollte nach Staudt die Eigenschaft aufweisen, dass sie alle Geschäftsprozesse eines Unternehmens komplett abbilden kann und sich zudem in jede Organisation integrieren lässt.[22]

---

[21] Siehe Gronau, N. 1996, S. 13f
[22] Vgl. Staud, J. 1999, S. 21

3.2   Aufbau der Standardsoftware SAP

Die Standardsoftware R/3 der SAP AG ist bei Großunternehmen nach
Ansicht von Gronau schon zum „Standard" geworden. [23] Sie ist in folgende
Teilanwendungen aufgegliedert:

- Finanzwesen (FI), Controlling (CO), Anlagenwirtschaft (AM)
- Vertrieb (SD), Materialwirtschaft (MM), Produktionsplanung (PP)
- Qualitätsmanagement (QM), Instandhaltung (PM)
- Projektmanagement (PS)
- Personalwirtschaft (HR)

Eine oft gewählte Darstellung des Aufbaus von SAP R/3 ist Abbildung 3.

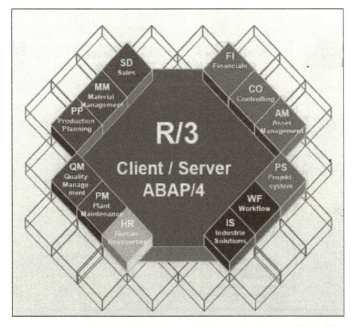

**Abbildung 3: Komponenten von SAP R/3; Entnommen aus Vorlesungsunterlagen „ERP-
Systeme" Sommersemester 2008, Steffen Hossfeld**

---

[23] Vgl. Gronau, N. 1996, S. 13f

4. Workflowmanagement in SAP R/3

4.1 Einführung in SAP Business Workflow

Der ins R/3-Basissystem integrierte Business Workflow ermöglicht die rechnergestützte Bearbeitung von komplexen betriebswirtschaftlichen Abläufen. Durch diese Integration entstehen keine zusätzlichen Lizenzkosten für dieses Modul. Es umfasst insbesondere eine grafische Definitionsumgebung für Workflows, das Laufzeitsystem zur Steuerung und Überwachung sowie mehrere Workflowmuster für verschiedene Szenarios. Einen Aufbau über die Architektur des SAP Business Workflow gibt Abbildung 4.

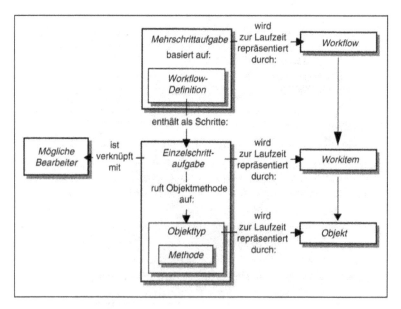

Abbildung 4: Architektur des SAP Business Workflow; Entnommen aus Mende, U., S.13

Der Kern dieser Anwendung sind die Einzelschrittaufgaben aus denen ein Workflowprozess, hier als Mehrschrittaufgabe bezeichnet, besteht. Hier wird ein möglicherer Bearbeiter eines Workitems, so wird ein Arbeitsschritt während der Laufzeit genannt, basierend auf der Definition des Workflows mit diesem Workitem verknüpft. Dabei gibt es verschiedene Arbeiten von Einzelschrittaufgaben. Ein Schritttyp wäre eine Aktivität, die von einem Benutzer ausgeführt wird. Weiterhin ist die Benutzerentscheidung zu nennen, die einem Benutzer verschiedene Verzweigungsmöglichkeiten anbietet. Schließlich gibt es noch Schritttypen, die das System im Hintergrund ausführt.

4.2 SAP Business Workplace

Seit Version 4.6 des R/3 Systems bildet dieser Programmteil das zentrale Arbeitsumfeld zur Steuerung von Geschäftsprozessen. Von hier aus hat der Anwender einen Überblick über seinen persönlichen Arbeitsvorrat, in SAP als Worklist bezeichnet, den er aufgrund seiner organisatorischen Zuständigkeit zu erledigen hat. Darüber hinaus enthält der Business Workplace eine Übersicht des Mailverkehrs seines Nutzers und erinnert ihn an Termine. Man findet den Workplace, indem man im SAP Easy Access-Startbildschirm auf „Büro" und anschließend „SBWP" klickt.

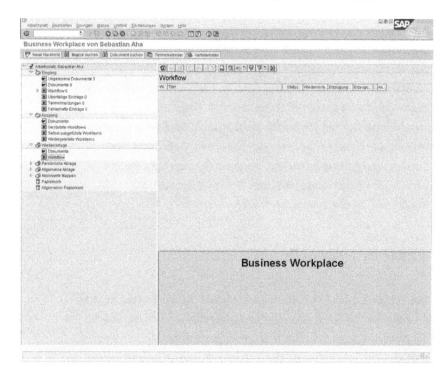

Abbildung 5: SAP Business Workplace; Eigener Screenshot aus SAP R/3

4.3 Die Workflow Entwicklungsumgebung

Durch Eingabe des Codes „SWLD" gelangt man zu allen Werkzeugen, die
man zur Arbeit mit SAP Business Workflow benötigt. Abbildung 6 zeigt
den Startbildschirm dieses Menüs.

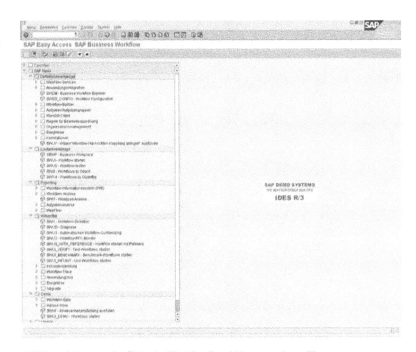

Abbildung 6: Benutzeroberfläche der Workflow Entwicklungsumgebung; Eigener Screenshot aus SAP R/3

Der Workflowentwickler kann in diesem Menü 6 Hauptpunkte auswählen:

- Definitionswerkzeuge
- Transaktionen zur Pflege von Einzel- und Mehrschrittaufgaben
- Laufzeitwerkzeuge
- Reporting
- Hilfsmittel
- Umfeld und Administration

Besonders für Einsteiger sollten die unter dem Punkt „Demo" zusammengefassten Tutorials hilfreich sein. Hier werden vom Programm Einführungen gegeben, um das Verständnis des Workflowmanagements zu fördern.

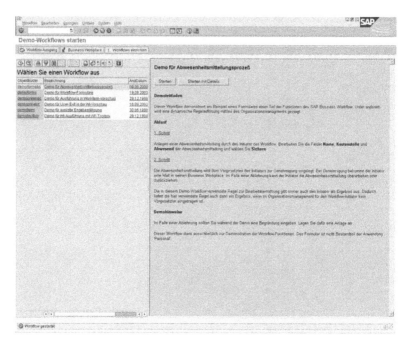

Abbildung 7: Demo-Workflows starten; Eigener Screenshot aus SAP R/3

So kann beispielsweise eine Abwesenheitsmittelung angelegt werden. Die dazu nötigen Schritte werden von SAP R/3 ausführlich beschrieben (Abbildung 8).

4.4 Workflow Builder

Bei der Erstellung einer Workflow-Definition ist der Workflow Builder das zentrale Werkzeug der Workflow-Entwicklungsumgebung. Darüber hinaus lassen sich angelegte Definitionen anzeigen, bearbeiten und erproben. Zu erreichen ist dieses Tool in der Entwicklungsumgebung unter „Definitionswerkzeuge" mit anschließendem Klick auf „Workflow Builder".

Abbildung 8 zeigt die grafische Benutzeroberfläche, mit der Workflows
definiert werden können.

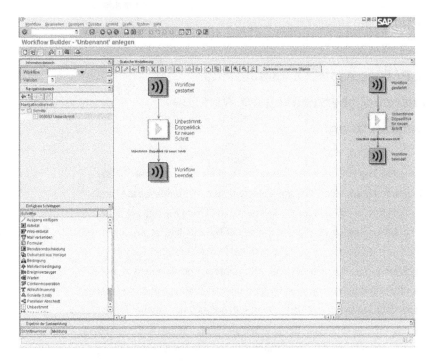

Abbildung 8: Workflow-Builder; Eigener Screenshot aus SAP R/3

In der Mitte des Bildschirms wird eine Workflow-Definition erstellt oder
bereits existierende Schritte bearbeitet. Mit einem Doppelklick auf einen
Schritt verzweigt der Editor in die zugehörige Schrittdefinition, in der
weitere Definitionen zum Vorgang eingepflegt werden.[24] Rechts oben
findet sich eine Übersichtsdarstellung über die gesamte Workflowdefinition.
Links oben werden die Bezeichnungen der einzelnen Workflowschritte
dargestellt. Darunter findet sich das Fenster „verfügbare Aufgaben" in
dem Bezeichnungen zuletzt bearbeiteter

---

[24] Vgl. Brahm M., Pargmann H. 2003, S. 37

Aufgaben aufgelistet werden. In der unteren Leiste werden
Systemmeldungen wie Warnungen und Fehler angezeigt. Durch Klick auf
eine Meldung gelangt man zur Schrittdefinition, welche diese Meldung
ausgelöst hat.

5. Praxisbeispiel: Automatisierte Rechnungsbearbeitung mit Workflow-Unterstützung

Wo jeden Tag Hunderte bis Tausende Rechnungen eingehen, ist der
Bedarf an Mitarbeitern, die diese Rechnungen manuell erfassen, prüfen,
verbuchen und ablegen, groß. Je mehr Hände zum Einsatz kommen,
desto höher werden die Kosten. Im betrieblichen Alltag ist eine manuelle
Erfassung durch den langen Prozess mit Skontoeinbußen verbunden, da
Rechnungen zu lange durch das Unternehmen von Abteilung zu Abteilung
wandern. Zudem stellt ein fehlender aktueller Überblick über die offenen
Verbindlichkeiten ein nicht zu unterschätzendes unternehmerisches Risiko
dar. Darüber hinaus sollte bedacht werden, dass, sofern Rechnungen in
Papierform bearbeitet werden, diese anschließend in einem Raum
gelagert werden müssen. Dies zieht fixe Kosten für dieses Lager mit sich.
Zudem entstehen lange Suchzeiten, bis ein Sachbearbeiter bei späterem
Bedarf die Rechnung aus dem Archiv wieder vorliegen hat.

Ziel für ein Unternehmen sollte es nun sein, diesen Prozess neu zu
gestalten, um

- die Bearbeitungsdauer einer Rechnung zu senken und Skonti optimal
  zu nutzen
- durch erhöhte Transparenz stets einen Überblick über offene
  Verbindlichkeiten zu haben und Termine überwachen zu können

- Kosten für die Lagerung von Rechnungen einzusparen und Suchzeiten zu verkürzen.

Unterstützt werden kann diese Neugestaltung durch ein ERP-System, wie z.B. SAP R/3, mittels eines Workflows. Abbildung 10 gibt einen Überblick über diesen Vorgang.

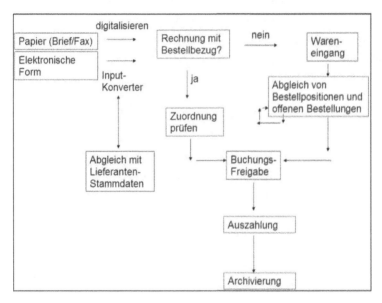

Abbildung 9: Automatisierte Rechnungsbearbeitung; Eigene Darstellung

Zunächst ist es erforderlich, dass Rechnungsdaten in das ERP-System übertragen werden. Dazu ist es nötig, dass Papierdokumente gescannt werden, damit sie zunächst digital vorliegen. Hier gibt es verschiedene Softwarelösungen, deren Hersteller versprechen, dass Rechnungsdaten automatisch erkannt werden, mit vorhandenen Stammdaten von Lieferanten abgeglichen werden und beispielsweise in SAP übertragen werden können. Darüber hinaus sollen Dokumente in elektronischer Form über Konverter ebenfalls automatisch erkannt werden, sodass sie für die folgende rechnergestützte Bearbeitung zur Verfügung stehen.

Anschließend werden die Rechnungen zum Arbeitsplatz
„Buchhaltungen" übermittelt. Der Buchhalter nimmt hier einen Abgleich mit
dem Rechnungseingangsbuch vor. Rechnungen mit Bestellbezug,
z.B. Bestellung von Rohstoffen, werden an den Wareneingang
weitergeleitet, wo ein Abgleich zwischen offenen Bestellungen und den
Bestellpositionen vorgenommen wird. Sobald dies geklärt ist, wird die
Buchung der Rechnung erteilt und ausgeführt. Anschließend erfolgt eine
Archivierung in einem Archivsystem. Zudem werden Belegverknüpfungen
im ERP-System angelegt, damit auch später auf dieses Dokument
zugegriffen werden kann.

Rechnungen ohne Bestellbezug, wie beispielsweise eine Telefonrechnung,
werden, sofern möglich, einem Buchungskreis zugeordnet und die
Korrektheit des Dokuments überprüft. Ist dies geschehen, wird der
Vorgang an den Arbeitsplatz gesendet, der diesen Vorgang genehmigt
und zur Buchung freigibt. Die Forderung wird beglichen und das
Dokument wie oben beschrieben archiviert.

6. Fazit und Ausblick

Im Rahmen dieser Arbeit stellte sich heraus, dass sich im Workflow-
Umfeld ein nicht zu unterschätzendes Verwirrspiel an Begriffen,
Funktionen und Schlagworten tummelt. Es ist wichtig, dass
Entscheidungsträger einen theoretischen Hintergrund über dieses Thema
bekommen, da die erhoffte Effizienzsteigerung nur möglich ist, wenn auch
dem Thema Workflowmanagement eine entsprechende Aufmerksamkeit
geschenkt wird. Erfolge werden ausbleiben, wenn „alte verkrustete
Strukturen einfach nur elektronisch abgebildet werden" meint Strobel-
Vogt.[25]

---

[25] Vgl. Strobel-Vogt, U. 1999, S.178

Ein in der Zukunft wohl wichtiger werdendes Problemfeld ist die Veränderung der Arbeit für die Mitarbeiter durch gesammelte Echtzeitdaten: Es besteht die Gefahr, dass aus Abnehmen von Routinearbeiten und Kontrollmechanismen (Wiedervorlage, Terminüberwachung, Weiterleitung, Vertretungsregelung) durch die Workflow-Lösung der Angestellte sich zum „gläsernen Mitarbeiter", der stets überwacht wird, degradiert fühlt. Hier rät Strobel-Vogt zur Festlegung von Betriebsvereinbarungen, damit gesammelten Daten nicht missbraucht werden.[26]

Weiterhin führt Strobel-Vogt an, dass besonders im administrativen Bereich durch Workflowmanagement-Systeme Bewegung und Veränderungen zu erwarten sind. „Die Notwendigkeit bei der Umsetzung von Workflow-Projekten, prozessorientierte Sichten zu entwickeln, wird dazu beitragen, dass sich reine Datenverarbeitungsexperten neuerdings mit der Organisation und pure Organisatoren mit der technischen Unterstützung dieser Strukturen auseinander setzen werden. Die durchgeführte Workflow-Implementierung eröffnet eine neue Möglichkeit der Prozessoptimierung, die neben der versprochenen Effizienzsteigerung sowohl Anwender wie Entwickler zufrieden stellt und damit dem Unternehmen den erwarteten ökonomischen Erfolg beschert."[27]

---

[26] Vgl. Strobel-Vogt, U. 1999, S.178
[27] Vgl. Strobel-Vogt, U. 1999, S.182

E. Literaturverzeichnis

<u>Bücher:</u>

- Berthold, U., Mende, U., Schuster, H, (1999) SAP Business Workflow, München

- Brahm, M., Pargmann, H., (2002) Workflow Management mit SAP WebFlow – Das Handbuch für die Praxis, Oldenburg

- Gronau, N., (1996) Management von Produktion und Logistik mit SAP R/3, München

- Mende, U., (2004) Workflow und ActiveLink mit SAP – Handbuch für Entwickler, Heidelberg

- Morschheuser, S. (1997) Integriertes Dokumenten- und Workflow-Management, Wiesbaden

- Staud, J., (1999) Geschäftsprozessanalyse mit Ereignisgesteuerten Prozessketten, Berlin

- Strobel-Vogt, U., (1999) Erfolge mit SAP Business Workflow – Strategie und Umsetzung in der konkreten Praxis, Braunschweig/Wiesbaden

- Wenzel, P. (Herausgeber), (1995) Geschäftsprozessoptimierung mit SAP/R3 – Modellierung, Steuerung und Management betriebswirtschaftlich-integrierter Geschäftsprozesse, Braunschweig/Wiesbaden

Sonstige:

- Korus, S., Piesnack J., Schauermann L.M., Jahn B., (2008)
  Grundlagen des Total Quality Mangagement, Vorlesung
  Unternehmensführung I, Wintersemester 2007/2008, Hochschule
  Fulda

- Hoßfeld Steffen, (2008) Anlagen zur Vorlesung „ERP-
  Systeme" Sommersemester 2008, Hochschule Fulda